HELGA URBAN

Faszination
DUFTKAMELIEN

Bibliografische Information der Deutschen Nationalbibliothek

Die Deutsche Nationalbibliothek verzeichnet diese Publikation in der Deutschen Nationalbibliografie; detaillierte bibliografische Daten sind im Internet über http://dnb.d-nb.de abrufbar.

Text & Fotografie: © Helga Urban · Frankfurt · 2009

Satz und Layout: Lillian Schmidt · Essen

Herstellung und Verlag : Books on Demand GmbH · Norderstedt

Printed in Germany

ISBN 978-3-8391-2897-8

Umschlagfoto: ʹScentuousʹ (Beschreibung siehe S.24)

INHALT

´High Fragrance´ (Beschreibung siehe S. 22)

EINE KLEINE EINFÜHRUNG

In Hülle und Fülle die herrlichsten Blüten in wunderschönen Farben, glänzendes Laub an einem immergrünen Strauch von attraktiver Wuchsform – kann man mehr erwarten? Ob man es kann, weiß ich nicht. Aber man tut es.

Da der Mensch nun einmal maßlos ist, erwartet er, sozusagen als „Sahnehäubchen", noch einen himmlischen Duft. Und steckt er seine Nase tief in die oft exotisch anmutenden Blüten, ist sie bestenfalls gelb gepudert. Von Duft keine Spur. Groß dagegen ist die Enttäuschung: Kamelien verwöhnen uns nicht gerade mit Düften.

DER WUNSCH NACH DUFT

... ist nur allzu verständlich. Was ist denn eine Blüte ohne Duft? Eine kalte, stolze Schönheit ohne Seele, unnahbar. Das Lebendige fehlt ihr.

Adalbert Stifter lässt in seinem Roman „Der Nachsommer" den Wanderer sagen: „Ich wäre auch geneigt, die Rose für die schönste Blume zu halten. Die Kamelia steht ihr nahe, dieselbe ist zart, klar und rein, oft ist sie voll von Pracht, aber sie hat immer für uns etwas Fremdes, sie steht immer mit einem gewissen Anstande da: Das Weiche, ich möchte den Ausdruck gebrauchen, das Süße der Rose hat sie nicht."

Das wurde vor über 150 Jahren geschrieben. Duftende Kamelien waren damals unbekannt. Das erklärt diese deutliche Distanz. Denn das bezauberndste Attribut einer Blüte ist der Duft.

DIE WAHRNEHMUNG EINES DUFTES

... ist die andere Sache. Die ätherischen Öle, in der Regel für den Duft der Pflanzen verantwortlich, werden freigesetzt, wenn sie sich mit dem Sauerstoff der Luft verbinden. Das tun sie aber nur, wenn die Atmosphäre stimmt: wenn die Luft mild und feucht ist und wenn kein Lüftchen weht. Erst bei Temperaturen ab 10 °C werden die Düfte aus den ätherischen Ölen frei. Ich komme darauf noch in dem Kapitel „Duftende Kamelien in der Gartengestaltung" zu sprechen.

Düfte sind nicht nur himmlisch. Sie sind auch flüchtig und wankelmütig. Ihre Intensität kann während der unterschiedlichen Stadien in der Entwicklung der Blüte stark schwanken. Oder auch nur in einer bestimmten Phase vorhanden sein.

Der Geruchssinn ist direkt mit dem limbischen System, das unser emotionales Verhalten steuert, verbunden. Gerüche können also bestimmte Gefühle auslösen.

Nun ist es aber so, dass manche Menschen (und nicht nur ältere) Düfte gar nicht wahrnehmen. Andere dagegen haben einen ausgeprägten Geruchssinn. Aber selbst die empfinden Düfte oft sehr unterschiedlich. Was für den einen angenehm ist, kann für einen anderen genau das Gegenteil sein.

Das beste Beispiel dafür ist der Duft der herbstblühenden Kamelien, der *C. sasanqua*. Sie haben einen sehr eigenständigen, orientalisch anmutenden Duft, der an Moschus und feuchte Erde erinnert. Er ist herb und süß zugleich. Der Duft der „Sasanquas" ist ein gutes Beispiel, wie subjektiv die Empfindung von Duft überhaupt ist.

Für manche ist er modrig und unangenehm – mich erinnert er an ein Märchen aus 1001 Nacht.

„Vom Blütenduft überwältigt zu werden ist eine lustvolle Niederlage."
(Beverley Nichols)

WARUM DUFTEN PFLANZEN?

Um uns Menschen zu erfreuen? Leider nicht. Düfte sind sozusagen Selbstzweck, vor allem, um die Art zu erhalten. Durch sie werden Bestäuber angelockt. Werden die Blüten von Bienen bestäubt, verströmen sie einen honigartigen Duft – oft auch gar keinen, da Bienen sich in erster Linie an der Blütenfarbe orientieren.

Der Duft ist also Mittel zum Zweck. Die Blüte lockt, sie macht auf sich aufmerksam, und sie bietet viel – Nahrung für die hungrigen Insekten. Eine „win-win"-Situation.

Es gibt noch andere Gründe, warum Pflanzen Duftstoffe produzieren. Als Schutz vor Krankheiten und Verdunstung und vor dem Appetit kleinerer oder größerer Tierchen. Aber das braucht uns hier nicht näher zu interessieren. Bei dem Duft der Kamelien geht es allein um die Blüte und nicht um das Laub.

KAMELIEN UND IHR DUFT

Bei jeder Kamelienausstellung – wirklich bei jeder – wird immer wieder gefragt: Gibt es hier duftende Kamelien? Gibt es überhaupt duftende Kamelien? Ja, es gibt welche! Wenn auch der Anteil duftender Arten und Sorten im Verhältnis zur riesigen Zahl der Kamelien verschwindend gering ist.

DUFT LIEGT IM TREND

... und der Trend geht auch an den Kamelien nicht vorbei: Der Grund, warum Kamelien in der Regel nicht duften, ist nicht verständlich. Der Duft einer Pflanze hängt von der Zusammensetzung ihrer ätherischen Öle ab – und die Kamelie hat eine Vielzahl davon in großer Menge.

Bei uns im Westen wurde die Kamelie lange Zeit nur wegen der Schönheit der Blüten gezüchtet. Im Fernen Osten schätzte man in erster Linie die Samen. Nicht zum Züchten, das wertvolle Öl ist in der Küche und in der Kosmetik begehrt. Der Duft dagegen wurde völlig vernachlässigt. Das hat sich inzwischen grundlegend geändert.

VON DEN ANFÄNGEN BIS HEUTE

... hat sich viel getan. Die Entdeckung einiger besonders duftender Wildformen hat dazu geführt, dass seit über 50 Jahren intensiv mit Ziel Duft gezüchtet wird. Seit der Zeit, als *C. lutchuensis*, die am stärksten duftende Art, aus Japan in die USA kam.

Wunder über Nacht wären zwar schön, sind jedoch leider unrealistisch. Von der Kreuzung bis zur blühenden Pflanze vergehen mindestens 5 bis 7 Jahre, meistens viel länger.

Wenn man Glück hat, ist das Züchtungsziel in der ersten Generation erreicht. Oft zeigen sich die gewünschten Eigenschaften erst in der nächsten Generation – sozusagen bei den Enkeln. Und nur das Weiterverfolgen einer Linie über mehrere Generationen stellt sicher, dass das „Wunschergebnis" auch beständig ist. Soweit sich bei Duft überhaupt von beständig reden lässt.

Bis dann eine Kamelie als Mutterpflanze zur Vermehrung verfügbar ist, vergehen mindestens 15 Jahre.

Bei Zufallssämlingen – viele kommen aus Japan – wird die Geduld nicht auf eine so harte Probe gestellt. Das ist dann Glück. In der Regel haben die Götter aber vor den Erfolg den Schweiß gesetzt.

DIE BEKANNTESTEN ZÜCHTER

Seit 1960 wird versucht, den intensiven Honigduft der *C. lutchuensis* in größere, attraktivere Blüten zu bringen.

Dr. Robert K. Cutter aus Kalifornien war ein Pionier auf diesem Gebiet. Sein früher Tod setzte seinem Züchtungsprogramm leider ein vorzeitiges Ende. Zwei Kreuzungen konnte er jedoch noch einführen: ´Alice K. Cutter´ und ´Virginia W. Cutter´.

Kenneth Hallstone, ebenfalls aus Kalifornien, führte seine Arbeit für einige Zeit weiter und brachte ´Scented Sun´ auf den Markt.

Toichi Domoto, auch einer der Frühen, ein japanisch-amerikanischer Züchter aus Kalifornien, ist der Züchter von ´Scented Gem´.

Auch **William Ackerman** steht seit dieser Zeit tief in der Züchtungsarbeit. Zu seinen frühen Erfolgen gehören die bekannten Hybriden 'Fragrant Pink' (1970) und 'Cinnamon Cindy' (1974).

Sein Züchtungsprogramm endete abrupt, als zwischen 1976 und 1980 einige strenge Winter in Washington und Umgebung einen Großteil der Kamelien vernichteten. Danach spezialisierte er sich auf die Züchtung winterharter Kamelien.

Aber es gab ja noch andere, die sich dem Duft verschrieben hatten. Große Erfolge wurden in Neuseeland erzielt.

1970 begann **Jim Finlay** mit seiner Arbeit, die bis heute anhält. 'Scentuous', das Ergebnis aus *C. japonica* 'Tiffany' und *C. lutchuensis*, blühte bereits 6 Jahre nach der Kreuzung und wurde schon 1985 eingeführt.

Finlay machte Tausende von Kreuzungen und über 50 der erfolgreichsten kamen auf den Markt. Besonders schön ist 'High Fragrance'. Sie hat 'Scentuous' als einen Elternteil und macht ihrem Namen alle Ehre. Ein intensiver Honigduft geht von ihren entzückenden, sehr femininen Blüten aus. Das zarte, weiche Rosa konnte mich nicht davon abhalten, sie in meinen „weißen Garten" Einzug halten zu lassen.

John Lesnie, ebenfalls aus Neuseeland, schuf 1985 meine geliebte 'Quintessence', der Australier **Ray Garnett** 1987 'Sweet Emily Kate' und **Peter Fischer** (Deutschland) 1990 'Duftglöckchen'.

Neue Namen werden kommen: von Züchtern und von duftenden Kamelien. Vielleicht auch neue Düfte.

Was für den einen himmlisch ist, ist für den anderen nichtssagend – für den einen ein Genuss, für den anderen das Gegenteil. So ist es nun einmal im Leben. Und ganz besonders beim Duft.

In der englischen Sprache gibt es drei Bezeichnungen für Duft: *„fragrance"*, *„scent"* und *„odour"*. Übersetzen würde ich das mit „Parfum", „Duft" und „Geruch". Da in den Namen oft die englische Version vorkommt, möchte ich auch dabei bleiben.

„Fragrance" sind ausgeprägte, deutlich wahrnehmbare Düfte. Angenehm, weich, süß, zuweilen mit einem Hauch von Moschus. Der intensive Honigduft der *C. lutchuensis* ist das beste Beispiel dafür. Und diesen wunderbaren Duft hat diese Wildform an alle mit ihr gezüchteten Hybriden weitergegeben.

„Scent" ist auch angenehm, leicht und fein. Es sind süße Düfte, gelegentlich mit einer fruchtigen oder würzigen Note. Zitrone und Zimt kommen bei den Kamelienblüten vor.

„Odour" dagegen ist nicht generell beliebt. Ein moschusartiger Geruch, von vielen als modrig und muffig empfunden. Für mich ist es ein orientalisch anmutender Duft. Er ist herb und süß zugleich, ein Märchen aus 1001 Nacht. Ein etwas anderer Duft, der Duft der herbstblühenden Kamelien, der Sasanquas.

Womit ich die Düfte der Kamelien in drei Gruppen einteilen möchte:

* **Honigdüfte**: durch Kreuzungen mit *C. lutchuensis*.
* **Süße Düfte** durch Kreuzungen mit anderen Wildarten, z. B. mit *C. fraterna*, auch in einigen Sorten von *C. japonica*.
* **Orientalische Düfte** in Sorten von *C. sasanqua* oder Kreuzungen mit ihr.

Sowohl die Honigdüfte als auch die Süßen Düfte können **würzige** Nuancen wie Zimt oder Anis, **blumige** wie Hyazinthen, Freesien oder Osmanthus und **fruchtige** wie Zitrone enthalten.

Bedenkt man noch die Intensität eines Duftes, ist er schwach oder stark ausgeprägt, lässt sich die Duftpalette der Kamelien durchaus sehen.

Ich habe ja schon erwähnt, dass die Zuverlässigkeit der Düfte oft sehr zu wünschen übrig lässt. Auch bei Kamelien macht dieses Verhalten keine Ausnahme: zurückhaltend, zaghaft, flüchtig, müde und matt. All das kann ein Duft sein. Nur ein Duft?

Im allgemeinen duftet eine Blüte umso intensiver, je mehr Blütenblätter sie hat. Jedoch duftet die kleine, schlichte Blüte der *C. lutchuensis* ebenfalls himmlisch, auch ′Quintessence′, eine Hybride von ihr, hat kleine, einfache Blüten von umwerfendem Duft.

In den Laboratorien der japanischen Firma Shiseido* wurde die Quelle des Duftes bei den Kamelien erforscht: „Ein Parfümeur zerlegte duftende Kamelienblüten Blatt für Blatt und stellte fest, dass der Duft am Ansatz der Staubgefäße, des Fruchtknotens und des Stempels liegt. Es wird reichlich Blütennektar abgesondert, der Perlen auf den Blütenblättern bildet."

Das würde auch erklären, warum ich weder bei einer dicht gefüllten Blüte noch bei einer anemonenförmigen Blüte eine finden konnte, die eine Spur von Duft von sich gibt – weil bei diesen die Staubgefäße vollständig umgewandelt sind.

---

*(www.shiseido.co.jp/g/g9803kor/html/text/kor05200.htm)

DUFT UND FARBE

Die Kombination von Duft, Farbe und Form der Blüte sorgt in der Regel dafür, dass die Insekten ihr Ziel erreichen und nicht unnötig viel Zeit auf der Suche nach Nahrung vergeuden. Je intensiver die Farbe, desto weniger ist eine Blüte auf einen intensiven Duft angewiesen. Um in der Insektenwelt auf sich aufmerksam zu machen, haben kräftige Farben wie Rot es nicht nötig, auch noch mit einem Duft um ihre Gunst zu werben. Denn in der Natur wird selten etwas Überflüssiges gemacht.

So ist es kein Wunder, dass besonders die kleinen, weißen, oft unscheinbaren Blüten durch ihren Duft auffallen. Bei den duftenden Kamelien ist die Farbe Rosa dominierend. Von einem Hauch rosa, oft nur in der Knospe deutlich und später nur an der Unterseite der äußeren Blütenblätter sichtbar, bis hin zu einem kräftigen Himbeerton – rosa ist die Farbe der duftenden Kamelien.

Die zarten Töne – cremerosa, muschelrosa und silbrigrosa – weisen mit *C. lutchuensis* im Blut auf einen mehr oder weniger kräftigen Honigduft hin.

Je intensiver der Farbton ist, desto öfter sind süße und orientalische Nuancen zu finden – oder Kombinationen aus beiden – mit all ihren blumigen, würzigen und fruchtigen Abstufungen. Und das ist viel, sehr viel sogar, was die Kamelienblüten im Zwischenspiel von Farbe und Duft zu bieten haben.

Zukunftsgedanken

Ist das nicht genug? Offensichtlich nicht. Gelb, Orange, ein tiefes Violett, sogar Blau sind Wunschfarben. Gefüllte große Blüten mit dicken, widerstandsfähigen Blütenblättern, die nach Möglichkeit von Januar bis Dezember nonstop ihre Pracht entfalten. Und natürlich mit einem himmlischen Duft.

Nur, die Natur spielt da nicht mit. Ich bin nicht böse deswegen. Eine große gefüllte Blüte mit umwerfendem Duft wird wohl ein Traum bleiben. Vollständig gefüllte Kamelienblüten duften nicht.

Und auf dem Weg zu einer leuchtend gelben Blüte wird es wohl eher einen Ton reifer Aprikosen geben, weicher und femininer als ein knalliges Gelb, leichter bei der Gartengestaltung zu integrieren. Wünschen würde ich mir eine herrliche Blüte mit wunderbarem Duft an einem formschönen Strauch. Das dürfte eigentlich nicht unmöglich sein. Wenn ich jetzt noch die Winterhärte in diese Liste aufnehme, wäre das dann zu schön, um wahr zu sein.

Duftende Kamelien in der Gartengestaltung

Ist es überhaupt sinnvoll, sich duftende, winterharte Kamelien zu wünschen? Im Kapitel über die Wahrnehmung von Duft habe ich geschrieben, dass die ätherischen Öle erst bei Temperaturen ab 10 °C ihre Düfte freigeben, wenn die Luft mild und feucht ist und wenn kein Lüftchen weht. So „winterhart" sind Kamelien allemal. Nur, das ist kein Winter. In unserem Klimagebiet haben Kamelien die duften und obendrein noch Temperaturen von -20 °C aushalten, wenig Sinn. Ausgepflanzt im Garten würden sie bei klirrender Kälte niemals ihren Duft entfalten können.

Um auf Duft in der kalten Jahreszeit bei der Gestaltung mit Kamelien nicht verzichten zu müssen, habe ich *Sarcococca humilis* dazwischen gesetzt. Dieser kleine Strauch ist immergrün, und seinen winzigen, völlig unscheinbaren Blüten entströmt ein verschwenderischer Honigduft – und das im Januar/Februar! Man nimmt zuerst seinen Duft wahr und denkt, wenn man fröstelnd durch den Garten geht: Wo kommt denn diese Wolke von Wohlgeruch her? Von den Kamelien? Ein bisschen Vortäuschung falscher Tatsachen oder gar Betrug? Nein, eher Raffinesse.

Duftende Kamelien sind ein Kleinod, ein Juwel, eine Kostbarkeit für einen schönen Topf. Er kann gar nicht edel genug sein, aus Terrakotta, auch ein chinesisches Pflanzgefäß wird der Schönheit der Pflanze gerecht. Eine Überwinterungsmöglichkeit bei Minusgraden muss natürlich gewährleistet sein.

Die bisherigen duftenden Züchtungen blühen in der Regel spät, das heißt im April. Zu dieser Zeit ist der Frost vorbei, die Töpfe stehen im Freien, und wir können den Duft im Garten genießen. Immer dort, wo Sie ihm auch am nächsten sind: neben der Haustür und an einem Sitzplatz oder unter einem Fenster. Oder morgens hier und abends dort. Mit duftenden Kamelien in Töpfen lässt sich herrlich spielen.

DUFTENDE ARTEN UND SORTEN UND IHRE HYBRIDEN

Es ist ja nicht so, dass alle duftenden Kamelien dieselben Eltern hätten. Durch ihre unterschiedliche Abstammung gibt es eine Vielfalt von Formen, Farben und Düften.

DIE ZUSAMMENHÄNGE

... sind nicht immer so einfach wie in den folgenden 5 Gruppen. Denn es werden auch duftende Sorten miteinander gekreuzt oder Sorten mit Sämlingen oder Arten untereinander.

Ein gutes Beispiel dafür, wie gemischt das Blut sein kann, liefert ′Scented Sun′: [*C. japonica* ′Mrs. Bertha A. Harms′-Sämling D4(2) x *C. saluenensis*-Hybride ′Salab′] x Sämling L.B.F.634. Das erinnert mich sehr an Algebra.

So kompliziert ist es nicht immer. Als erstes haben wir die **Wildformen**, von denen viele von Natur aus duften. Sie werden zum Züchten genommen. Dann kommen **Sorten von *C. japonica*** und **Sorten von *C. sasanqua***, der herbstblühenden Kamelie. **Hybriden von *C. saluenensis*** und **Hybriden von *C. hiemalis*** gehören mit zu der Palette. Und – last not least – **Hybriden von *C. lutchuensis***, die alle den herrlichen Honigduft dieses Elternteils in sich haben, ob nun ′High Fragrance′ oder ′Scentuous′. Übrigens sprechen die Namen für sich.

Auch Silberäffchen im Wildlife Zoo von Jersey berauschen sich an dem Duft der Kamelien.

DUFT UND NAMEN

... stehen bei den Kamelien in engem Zusammenhang. Mit anderen Worten: Eine duftende Kamelie ist meist schon an ihrem Namen zu erkennen. „Fragrant", „Scented", „Duft" in der Bezeichnung weisen eindeutig auf eine duftende Blüte hin. Kamelien mit den Namen ´High Fragrance´, ´Scentuous´, ´Fragrant Pink´, ´Duftglöckchen´ oder ´Quintessence´ müssen doch einfach duften – und tun es auch!

AUSGEWÄHLTE PORTRÄTS

HYBRIDEN VON C. LUTCHUENSIS

... haben ihren charakteristischen süßen, weichen Honigduft, deutlich wahrnehmbar und oft eine wahre Duftwolke. Sie sind die am intensivsten duftenden Kamelien.

Kleine Blüten in großer Fülle, oder inzwischen auch größere, locker gefüllte; bei den frühen Sorten meist zarte Farben, jetzt auch kräftigere, sind kennzeichnend. Die kleinen Blätter mit ihrem oft bronzegetönten Austrieb bilden einen besonderen Reiz.

Diese Kamelien sind nicht winterhart. Sie gehören in einen ihrer Schönheit gemäßen Topf, für den es bei Frost eine Überwinterungsmöglichkeit gibt.

'Cinnamon Cindy'
(*C. japonica* 'Kenyotai' x
C. lutchuensis)
Dr. William Ackerman, 1974,
Washington D.C./USA
D

Hübsche, kleine, päonienförmige, weiße Blüten. Die rosafarbenen äußeren Blütenblätter geben der ganzen Blüte einen rosa Schimmer. Der Wuchs ist aufrecht und locker, mit einer Fülle kleiner, hellgrüner Blätter. Ihr Duft ist fein und erinnert an Zimt, ganz wie man es bei ihrem Namen erwartet.

'Duftglöckchen'
(*C. japonica* 'Bokuhan' x
 C. lutchuensis)
Peter Fischer, 1990,
Deutschland
D

Einfache, kleine Blüten in einem weichen Rosa. Der lockere Wuchs wirkt sehr grazil und elegant. Der herrliche Honigduft kann sich besonders gut in einem Wintergarten entfalten.

'Fragrant Pink'
(*C. japonica* var. *rusticana*
 'Yoshida' x *C. lutchuensis*)
Dr. William Ackerman, 1966,
Washington D.C./USA
DD

Kleine, päonienförmige Blüten in einem dunklen Rosa, das sehr schön mit den orangegelben Staubbeuteln und hellgelben Staubfäden harmoniert. Die Blätter sind hellgrün und weich. Sehr schön ist der rötliche Austrieb. Die Pflanze wächst mittelstark, flach und locker. Ein süßer, angenehmer Duft, der dem des Osmanthus ähnelt.

'High Fragrance'
[*C. japonica* ´Mrs Bertha A. Harms´-Sämling x (*C. saluenensis*-Hybride ´Salab´ x *C. lutchuensis*-Hybride ´Scentuous´)]
Jim Finlay, 1985, Neuseeland
DD

Päonienförmige Blüten in einem zauberhaften Spiel von zartestem Rosa, das an den Rändern der Blütenblätter etwas kräftiger wird. Der Wuchs ist offen mit schönem, mittelgrünem Laub an zierlichen Trieben. Unwiderstehlicher Honigduft. Kein Wunder bei drei duftenden Vorfahren.

'Koto-no-Kaori'
(*C. japonica* ´Tôkai´-Sämling x *C. lutchuensis*)
Züchter unbekannt, ca. 1990, Japan
DD

Kleine, glockenförmige, einfache Blüten in Rosarot erscheinen in großer Fülle an einem aufrechten Strauch von filigranem Wuchs. Der Name lässt sich übersetzen mit: „der Duft der altehrwürdigen Hauptstadt". Dann muss diese Stadt im Himmel gelegen haben. Ein himmlischer Honigduft.

'Nymph'
(*C. lutchuensis* x *C. japonica*
´Helen Metson´)
Darcy O´Toole, 1982,
Neuseeland
d

Kleine, halbgefüllte Blüten in einem sehr zarten Rosa mit einem
Hauch von Elfenbein und mit cremefarbenen Staubgefäßen. Hellgrünes, glänzendes Laub und lockerer, freudiger Wuchs zeichnen
diese „Nymphe" aus. Durch ihre Blühwilligkeit ist der zärtliche
Duft deutlich wahrnehmbar.

'Quintessence'
(*C. japonica* ´Fendig´s Seedling
No. 12´ x *C. lutchuensis*)
John C. Lesnie, 1985,
Neuseeland
DD

Kleine, einfache, weiße Blütenglocken mit gelben Staubgefäßen
entfalten sich aus kleinen, spitzen, rosa getönten Knospen – allein
schon eine Zierde für sich. Die kleinen, mittelgrünen Blätter sind
oval und spitz zulaufend. Der Austrieb ist rötlich-bronzefarben.
Der Wuchs ist sehr langsam und sich ausbreitend, trotzdem aber

dicht. Die Pflanze wächst ohne jegliches Zutun bonsaiähnlich, sehr grazil, und eignet sich, zumindest in jungen Jahren, sehr gut für eine Ampel. Eine zauberhafte Kamelie, etwas ganz Besonderes – gekrönt mit einem wunderbaren Honigduft – nomen est omen.

'Scentuous'
(*C. japonica* ʹTiffanyʹ x *C. lutchuensis*)
Jim R. Finlay, 1976, Neuseeland
DD

Die kleinen, halbgefüllten, weißen Blüten mit einem rosa Schimmer auf der Rückseite der Blütenblätter wirken sehr feminin. Kleine, gewellte innere Blütenblätter geben der Blüte ein hübsches, lockeres Aussehen. Die Knospen sind meist kräftig rosa. Die hellgrünen Blätter sind oval, spitz zulaufend und gezähnt. Der Austrieb ist rötlich-bronzefarben, der Wuchs locker, breit und zugleich aufrecht. 'Scentuous' macht ihrem viel versprechenden Namen alle Ehre: ein herrlich weicher Honigduft.

... sind in ihrer Duftpalette so verschieden, wie ihre Eltern sind. Süße Düfte mit würzigen, blumigen, fruchtigen oder auch orientalischen Nuancen, mehr oder weniger ausgeprägt, sind hier vorherrschend. Genauso unterschiedlich sind Wuchsform und Toleranz für Minusgrade. Ich werde sie deshalb bei den vorgestellten Sorten extra erwähnen.

'Christmas Daffodil'
(*C. japonica* 'Elizabeth Boardman' x *C. fraterna*-Hybride 'Tiny Princess')
Mrs. M. J. Witman, 1972,
Georgia/USA
d

Kleine, halbgefüllte bis anemonenförmige weiße Blüten, die durch die rosa Tönung an den Spitzen der Blütenblätter in der Gesamterscheinung eher rosa wirken. Hübsch sehen die weißen Staubfäden mit ihren gelben Staubbeuteln aus. Das Laub ist dunkelgrün und sehr matt, der Wuchs schön und dicht. Die Blüte hat eine gewisse Ähnlichkeit mit einer sich öffnenden Narzisse – wenn man sich den Büschel Staubgefäße als Krone vorstellt. Und da es ja auch duftende Narzissen gibt, ist der Name gar nicht so weit hergeholt. 'Christmas Daffodil' hat einen zarten, süßen Duft.

Mit der Winterhärte habe ich noch keine Erfahrung. Bei der Abstammung von *C. fraterna* ist sie wohl eher gering. Sie wächst bei uns in einem Tontopf, der in dem recht heftigen Winter 2009 frostfrei stand.

'Shôwa-wabisuke'
(syn. ´Hatsukari´, ´Little
Princess´)
Herkunft ungewiss, vermutlich
eine *C. japonica*-Hybride,
1938, Japan
D

Fünf Blütenblätter bilden eine einfache, kleine, röhrenförmige
Blüte von zartestem Rosa mit etwas dunklerer Tönung an den äußeren Blütenblättern und im Innern der Blüte.
Merkwürdigerweise haben die Staubgefäße keine oder nur vereinzel-
te Staubbeutel. Das dunkelgrüne Laub ist relativ schmal, eliptisch
und gewölbt, an einem aufrecht wachsenden Strauch. Der Duft ist
fein und edel, leicht nach Honig. Alle Wabisuke-Hybriden beste-
chen durch ihre schlichte Schönheit, die ganz besonders reizvoll in
der Gartengestaltung wirkt. Es gibt auch Sorten in einfarbigem
Rosa und in Weiß. Unsere weiße ´Shiro-wabisuke´ ist ein echter
„Gartenschatz". Bezüglich der Winterhärte gibt es bei uns noch zu
wenig Erfahrung.

'Winter´s Star'
(*C. oleifera*-Hybride ´Frost Prince´ x *C. hiemalis* ´Showa-no-Sakae`)
Dr. William Ackerman, 1988, Washington D.C./USA
D

Einfache, mittelgroße Blüten in einem weichen, kräftigen Dunkel-
rosa erscheinen bei uns im Spätherbst (Oktober/November).
Dunkelgrünes, mattes, ledriges Laub und locker aufrechter Wuchs.

Orientalisch, fein und weich, ohne den geringsten modrigen Unterton, ist der Duft ein Geschenk im spätherbstlichen Garten. Die Winterhärte wird in Amerika mit -25 °C angegeben.

SORTEN VON C. JAPONICA

... haben meist nur einen leichten Duft, oft etwas würzig und dem der Nelken ähnlich, aber auch süß oder fruchtig.

Eine Vielfalt an Blütenformen und -farben lässt keine Wünsche offen. Die duftenden „Japonicas" sind bedingt zum Auspflanzen in den Garten geeignet. Ich werde bei den einzelnen Sorten darauf eingehen. Wobei man sich besonders bei dieser Gruppe fragen muss, ob es sehr sinnvoll ist, bei Kamelien im Garten so großen Wert auf den Duft zu legen – ein Duft braucht Wärme, um sich zu entfalten. Warm ist es bei uns selten – und nicht einmal wünschenswert – wenn Kamelien im Freiland blühen.

'Colonial Lady'
(syn. ´Fragrant Striped´)
(Sport *C. japonica* ´Herme´
[= ´Hikarugenji])
McCaskill, 1946,
Kalifornien/USA
d

Mittelgroße bis große, dicht halbgefüllte Blüten in Weiß mit
unregelmäßigen roten Streifen und Flecken.
Das Laub ist mittelgrün, weich und glänzend. Ein leichter, feiner,
süßer Duft gehört mit zu ihren Vorzügen.

'Kramer´s Beauty'
(Zufallssämling von *C. japonica*
´Kramer´s Supreme´),
Kramer Bros. Nursery, 1981,
Kalifornien/USA
d

Mittelgroße bis große, päonienförmige Blüten in einem leuchten-
den Rot. Sie wächst stark, aufrecht und kompakt. Leichter Duft
bei milder Witterung. An günstigen Standorten für das Freiland
geeignet.

'Kramer's Supreme'
(Sorte von *C. japonica*)
August Kramer, Kramer Bros.
Nursery, 1957,
Kalifornien/USA
d

Sehr große, päonienförmige, leuchtend rote Blüten mit sichtbaren gelben Staubgefäßen. Sie wächst kräftig zu einer schön geformten Pflanze heran, auch das Laub ist schön.
Ihr angenehmer Duft kommt besonders in einem Wintergarten zur Geltung. Obwohl nicht versäumt werden soll zu erwähnen, dass die Pflanze relativ winterhart ist.

'Magali'
(Sorte von *C. japonica*)
Sander, 1937, Belgien
d

Eine einfache Blüte, aber von perfekter Form, in einem zarten Rosa. Das schmale, gezähnte, dunkelgrüne Laub harmoniert mit dem Rosa der Blüte. Als Zugabe: ein feiner Duft.

'Nioi-Fubuki'
(= "Fragrant Snow Storm")
(syn. ´Nioifubuki´)
(Higo-Kamelie: Unterart der
„Japonicas" mit vielen Vorzügen
wie schlichte Schönheit, üppiges
Blühen und gute Winterhärte)
Tsugio Ôta, 1971, Japan
D

Große, einfache Blüten in einem hellen Rosa, das zu Weiß verblasst,
etwas karmesinrot gemasert. Ein Farbspiel verschiedenster Töne.
Der dicke Büschel prominenter Staubgefäße ist sehr dekorativ, wie
bei allen Higo-Kamelien. Starker, lockerer und aufrechter Wuchs.
´Nio-Fubuki´ heißt „duftender Schneesturm". Zurecht, der Duft ist
süß und fruchtig zugleich – wenn auch nur leicht.

'Scented Red'
(Sorte von *C. japonica*)
Trewidden Estate Nursery,
1987, Cornwall/England
D

Kleine, einfache, cyclamfarbene Blüten. Und ein toller Duft für eine
so tolle Farbe.

'Scentsation'
(Sorte von *C. japonica*)
Nuccio´s Nursery, 1968,
Kalifornien/USA
d

Große, päonienförmige Blüten in einem wunderschönen silbrigen Rosa. Der Wuchs ist aufrecht, kompakt und kräftig mit hellgrünem Laub. ´Scentsation´ duftet lieblich und süß und wird gern zum Züchten weiterer duftender Kamelien verwendet. In unserem Klimagebiet nur für einen schönen Topf geeignet, für den es eine frostfreie Überwinterung gibt.

'Spring Sonnet'
(Sport von *C. japonica*
´Colonial Lady´)
McCaskill, 1951,
Kalifornien/USA
D

Die gleiche Blütenform und -größe wie ´Colonial Lady´, mittelgroß bis groß und halbgefüllt. Nur die Farbe ist wesentlich intensiver – rosa mit dunkleren Rändern. Das Laub ist ebenfalls mittelgrün, weich und glänzend. Und auch der Duft: nur leicht, aber fein und süß.

SORTEN VON C. SASANQUA UND VON C. HIEMALIS

... duften etwas fremdartig, aber außerordentlich reizvoll. Für mich enthalten diese Düfte den ganzen Zauber des Orients: süß und herb, sinnlich und geheimnisvoll.

Die Blüten sind in der Regel einfach oder halbgefüllt und meist kleiner als bei den „Japonicas". In erster Linie sind sie weiß, aber auch rosa, rot und sogar mehrfarbig kommen vor. Schon nach wenigen Tagen werfen sie ihre Blütenblätter ab. Zur großen Freude der Insekten bleiben die Staubgefäße stehen. Die Blütezeit der „Sasanqua" liegt im Herbst: je nach Sorte und Witterungsverlauf von September bis Dezember. Obwohl winterhärter als allgemein angenommen, können die geöffneten Blüten frühen Frösten zum Opfer fallen.

Nicht nur die Blüten sind kleiner, auch das Laub ist es, der Wuchs ist offener und lockerer. Dadurch eignen sich die „Sasanquas" gut für Spaliere, auch an einer Südwand. Diese herbstblühenden Kamelien vertragen nicht nur mehr Sonne als die „Japonicas", sie brauchen sie sogar, um sich in Hochform zu präsentieren.

'Early Pearly'
(Zufallssämling von *C. sasanqua*)
Dr. Mervin B. Wine, 1972, Georgia/USA
d

Für herbstblühende Kamelien große (4-5 cm), dichte, rosenförmige Blüten in Weiß. Früh blühend ab September. Sie wächst offen, aber aufrecht, mit dunkelgrünem, schmalem Laub.

Leichter, angenehm süßer Duft. 'Early Pearly' hat bei uns im Garten den langen, strengen Winter 2008/2009 ausgepflanzt ohne Laubverlust bestens überstanden.

'Fragrans'
(Sorte von *C. sasanqua*)
Züchter unbekannt, 1938,
Großbritannien
DD

Weiße, einfache Blüten mit einem hübschen Büschel goldfarbener Staubgefäße. Eleganter, aufrechter Wuchs. Orientalischer, warmer, intensiver Duft.

'Kanjirô'
(Sorte von *C. hiemalis*)
Züchter unbekannt, 1954, Japan
D

Große, halbgefüllte Blüten
in leuchtendem Kirschrot.
Mit ihrem buschigen Wuchs
ist ´Kanjirô´ eine äußerst de-
korative Gartenpflanze. Süßer
Duft, der durch die Fülle der
Blüten intensiv ist.

'Kenkyô'
(Sorte von *C. sasanqua*)
Züchter unbekannt, 1898, Japan
D

Weiße, einfache, mittelgroße
Blüten mit gewellten Blütenblättern. Die Knospen zeigen
eine rosa Spitze. Ein lockerer,
ausladender Wuchs und das kleine, ovale, spitz zulaufende Laub
sorgen für weitere Pluspunkte.
Feiner, orientalischer Duft.

'Narumigata'
(Sorte von *C. sasanqua*)
Züchter unbekannt, 1898, Japan
Eingeführt in den USA 1930
und in Großbritannien 1931
DD

Einfache bis halbgefüllte,
mittelgroße Blüten in hübscher Schalenform. Weiß mit rosa
Zeichnung an den Rändern und der Rückseite der Blütenblätter.
Starker ausladender Wuchs mit dunkelgrünem Laub. Exotischer
Duft, ein Märchen aus 1001 Nacht.
Durch den im Spätherbst sehr ungewöhnlichen Duft wird
´Narumigata´ emsig von Insekten besucht.

'Navajo'
(Sorte von *C. sasanqua*)
Züchter unbekannt, eingeführt
von Nuccio´s Nurseries, 1956,
Kalifornien/USA
D

Aus dunkelpinkfarbenen Knospen entfaltet sich eine halbgefüllte
Blüte. Die gewellten Blütenblätter werden sehr bald im Innern weiß,
gesäumt von einem breiten, farbigen Rand. Dunkelgrünes, matt
glänzendes, schmales Laub an einem lockeren, aufrechten Strauch.

Die zweifarbige Blüte und der süße, leicht würzige Duft sind etwas Besonderes.

'Plantation Pink'
(Sorte von *C. sasanqua*)
E. G. Waterhouse, 1948,
Australien
d

Einfache, mittelgroße, leicht schalenförmige Blüten in einem Rosarot. Dunkelgrünes, glänzendes Laub an einer kräftigen, baumartig wachsenden Pflanze.
Der leichte orientalische Duft ist das i-Tüpfelchen der Harmonie von Blütenfarbe und dunklem Laub.

WILDFORMEN

... sind mit ihren Düften für jede Überraschung gut: von ganz zart und fein bis hin zu überwältigend, von würzig bis süß, alles ist vorhanden. Wir wären arm dran ohne *C. lutchuensis*, ohne ihren umwerfenden Honigduft. Womit sollten duftende Kamelien gezüchtet werden?

Die Blüten der Wildformen sind klein und einfach, fast immer weiß. Aber die Blütenfülle ist bezaubernd, und in der Fülle wird der meist zarte Duft durchaus bemerkbar.

Darüber hinaus bieten sie sehr attraktives Laub, das sie von dem der „Japonicas" deutlich unterscheidet. Es ist oft schon eine Zierde für sich, besonders der rötliche oder bronzefarbene Austrieb. Die meisten Wildformen sind allerdings bei uns nicht winterhart. In einem schönen Topf sind sie etwas Besonderes für Kenner und Liebhaber des Außergewöhnlichen.

C. cuspidata
1912, China
d

Sehr kleine, weiße, einfache Blüten mit großen, dominierenden goldgelben Staubgefäßen. Die olivgrünen Blätter sind schmal mit gewellten Rändern.

Der Wuchs ist zierlich und locker. Der Duft der einzelnen Blüte ist kaum wahrnehmbar. Die Vielzahl der kleinen Blütchen jedoch, noch dazu über eine lange Zeit, duften als Ganzes fein und süß.

C. fraterna
1862, China
d

Kleine, einfache weiße Blüten in großer Zahl. Besonders reizvoll sind die goldgelben Staubgefäße, deren Staubbeutel später bräunlich werden.

Mit ihren spitz zulaufenden Blättern und dem locker überhängenden Wuchs eine entzückende Pflanze.
Leichter, süßer Duft.

C. lutchuensis
entdeckt 1909,
südliche japanische Inseln
DD

Die zierlichen weißen, einfachen, kleinen Blüten mit ihren rosa gefleckten äußeren Blütenblättern und langen, gelben Staubgefäßen hängen wie Glöckchen an den dünnen Zweigen.
C. lutchuensis hat von allen Kamelien den intensivsten Duft: als würde ein Glas herrlich duftenden Honigs geöffnet. Ein wunderbar duftendes, charmantes Kleinod für einen schönen Topf.

C. grijsii ′Zhenzhu Cha′
Auslese von *C. grijsii*,
China
D

Weiße, gefüllte bis rosenförmige Miniaturblüte mit gekräuselten
Blütenblättern. Interessantes raues, gezähntes Laub und aufrechter
Wuchs. Einmal ein anderer Duft: deutlich nach Anis.

C. sinensis
1887, Indien und China
d

Weiße, einfache, kleine, schalenförmige Blüten zeigen ein dickes
Büschel goldgelber Staubgefäße.
Für eine Wildform recht großes,
hellgrünes, leicht gezähntes Laub und aufrechter Wuchs. Sie blüht
bereit im Spätherbst. Die erste bekannte Kamelienart in der west-
lichen Welt und die wichtigste für den Handel: unsere Teepflanze.
Hinzu kommt noch der feine, süße Duft der Blüten.

C. transnokoensis
1919, Taiwan
D

Aus rötlichen Knospen entfalten sich kleine, weiße Blüten in großer
Fülle. Kleines, schmales Laub und ein dichter, buschiger, aufrechter
Wuchs. Ein ausgezeichneter, süßer Duft, und zwar aus den gelben
Büschelchen der Staubgefäße.
Diese Wildform könnte auch interessant sein für die Züchtung
duftender Hybriden. Warten wir es ab.

TABELLE DUFTENDER ARTEN UND SORTEN

Glücklicherweise gibt es inzwischen eine beachtliche Zahl von Kamelien mit duftenden Blüten – wenn sie auch im Vergleich zu dem riesigen Angebot an Kamelien verschwindend gering ist.

Für die 32 Porträts habe ich Kamelien ausgewählt, die ich selber habe oder zumindest kenne. Vor allem aber solche, die in guten Kameliengärtnereien bei uns zu bekommen sind. Was nutzt es Ihnen schließlich, wenn ich Ihnen den Mund wässrig mache, Ihre Suche aber gefrustet endet?

Die Tabelle dagegen enthält auch Sorten, die bei uns relativ unbekannt sind. Noch!

Aber vielleicht motiviert eine wiederholte Nachfrage die Gärtnereien. Oder Sie entdecken auf einer Reise Ihre duftende Wunschkamelie?

Viel Glück!

SORTE	GRUPPE	DUFT INTEN
'Ack-Scent'	C. lutchuensis-Hybride	D
'Alice K. Cutter'	C. lutchuensis-Hybride	d
'Bow Bells	C. x williamsii	d
'Christmas Daffodil'	C. fraterna-Hybride	d
'Cinnamon Cindy'	C. lutchuensis-Hybride	D
'Colonial Lady'	Sorte von C. japonica	d
'Drifting Scent'	C. x williamsii	D
'Duftglöckchen'	C. lutchuensis-Hybride	D
'Early Pearly'	Sorte von C. sasanqua	d
'Fragrans'	Sorte von C. sasanqua	DD
'Fragrant Cascade'	C. lutchuensis-Hybride	D
'Fragrant Drift'	C. lutchuensis-Hybride	D
'Fragrant Fairies'	C. pitardii x C. fraterna	d
'Fragrant Girl'	Sorte von C. japonica	D
'Fragrant Joy'	C. lutchuensis-Hybride	DD
'Fragrant Pink'	C. lutchuensis-Hybride	DD
'Fragrant Pixies'	Hybride mit komplexer Abstammung	DD
'Fukurin-wabisuke'	ungewiss (vermutlich Japonica-Hybride)	D
'Funko'	Sorte von C. japonica	D
'Herme' [= 'Hikarugenji']	Sorte von C. japonica	d
'High Fragrance'	C. lutchuensis-Hybride	DD

DUFT-ICHTUNG	FARBE	ZÜCHTER	ZÜCHT.-JAHR	SEITE
würzig	muschelrosa	Ackerman	1979	–
–	rosa	Cutter	1974	–
–	rosarot	Marchant	1954	–
zart/süß	weiß	Witman	1972	25
Zimt	weiß	Ackerman	1974	20
süß	weiß, rote Streifen	–	1946	28
–	rosa	Finlay	1994	–
Honig	zartrosa	Fischer	1990	21
süß	weiß	Wine	1972	32
orientalisch	weiß	–	1938	33
Honig	blassrosa	Finlay	1994	–
Honig	porzellanrosa	Finlay	1994	–
–	zartrosa	Baker	1994	–
–	muschelrosa	Hall	1992	–
–	dunkellavendel	Ackerman	1983	–
Osmanthus	dunkelrosa	Ackerman	1966	21
–	zartrosa	Baker	1995	–
Honig	weiches rosa	–	1971	–
süß/würzig	weiß	Funakoshi	1987	–
–	rosa, weiß	–	1859	–
Honig	zartrosa	Finlay	1985	22

*Duftintensität: d = schwach duftend; D= Duft deutlich wahrnehmbar; DD = Duft intensiv

SORTE	GRUPPE	DUFT INTEN
'Hina-wabisuke'	ungewiss (vermutlich Japonica-Hybride)	d
'Hyperscent'	C. lutchuensis-Hybride	D
'Iced Fragrance'	Sorte von C. japonica	D
'Jim Finlay's Fragrant'	Sorte von C. japonica	D
'Kanjirô'	Sorte von C. hiemalis	D
'Kenkyô'	Sorte von C. sasanqua	D
'Koto-no-Kaori'	C. lutchuensis-Hybride	DD
'Kramer's Beauty'	Sorte von C. japonica	d
'Kramer's Supreme'	Sorte von C. japonica	d
'Lago dei Cigny'	Sorte von C. sasanqua	D
'Magali'	Sorte von C. japonica	d
'Masterscent'	C. lutchuensis-Hybride	D
'Minato-no-Akebono'	C. lutchuensis-Hybride	D
'Minato-no-Haru'	C. lutchuensis-Hybride	D
'Mrs. Bertha A. Harms'	Sorte von C. japonica	D
'Narumigata'	Sorte von C. sasanqua	DD
'Navajo'	Sorte von C. sasanqua	D
'Nioi-Fubuki'	Sorte von C. japonica, Higo	d
'Nymph'	C. lutchuensis-Hybride	d
'Okan'	Sorte von C. japonica, Higo	d
'Parkside'	C. x williamsii	d

DUFT-ICHTUNG	FARBE	ZÜCHTER	ZÜCHT.-JAHR	SEITE
süß	rosa	–	1986	–
–	scharlachrot	Finlay	1994	–
–	weiß	Mildorrie C.	1993	–
–	hellrot	Finlay	1995	–
süß	kirschrot	–	1954	34
orientalisch	weiß	–	1898	34
Honig	rosarot	–	ca. 1990	22
–	rot	Kramer Bros.	1981	28
–	rot	Kramer	1957	29
süß	weiß	–	1985	–
fein	zartrosa	Sander	1937	29
–	korallenrot	Finlay	1994	–
süß	hellrot, mauve	–	1989	–
–	pfirsichrosa	–	1987	–
–	zartestes rosa	Harms	1948	–
exotisch	weiß, rosa	–	1898	35
süß/würzig	pink, weiß	–	1956	35
süß/fruchtig	hellrosa	Tsugio Ôta	1971	30
–	zartrosa	O'Toole	1982	23
–	weiß, karmesin	–	1982	–
–	rosa	–	1959	–

*Duftintensität: d = schwach duftend; D= Duft deutlich wahrnehmbar; DD = Duft intensiv

45

SORTE	GRUPPE	DUFT INTEN
'Pete's Fragrant Pink'	Sorte von C. japonica	DD
'Plantation Pink'	Sorte von C. sasanqua	d
'Prime Fragrance'	Sorte von C. japonica	d
'Pristine Fragrance'	Sorte von C. japonica	D
'Quintessence'	C. lutchuensis-Hybride	DD
'Salab'	Hybride mit komplexer Abstammung	D
'Santa Cruz'	C. cuspidata-Hybride	d
'Scented Fireglow'	Sorte von C. japonica	D
'Scented Gem'	C. lutchuensis-Hybride	D
'Scented Red'	Sorte von C. japonica	D
'Scented Sun'	C. lutchuensis-Hybride	d
'Scented Swirl'	C. lutchuensis-Hybride	D
'Scentsation'	Sorte von C. japonica	d
'Scentuous'	C. lutchuensis-Hybride	DD
'Setsugekka'	Sorte von C. sasanqua	D
'Showa-wabisuke'	ungewiss (vermutlich Japonica-Hybride)	D
'Souza's Pavlova'	C. lutchuensis-Hybride	D
'Spicy Pink'	C. lutchuensis-Hybride	D
'Spring Mist'	C. lutchuensis-Hybride	D
'Spring Sonnet'	Sorte von C. japonica	d
'Superscent'	Hybride mit komplexer Abstammung	D

DUFT-RICHTUNG	FARBE	ZÜCHTER	ZÜCHT.-JAHR	SEITE
–	rosa	Tedesco	1995	–
orientalisch	rosarot	Waterhouse	1948	36
–	dunkelrot	Finlay	1995	–
–	rosarot	Finlay	1994	–
Honig	weiß	Lesnie	1985	23
Moschus	pink	Feathers	1971	–
–	kräftig rosa		1957	–
–	leuchtend orangerot	Finlay	1995	–
süß	fuchsia	Nuccio's	1983	–
süß	cyclam	Trewidden	1987	30
–	weiß, rosa	Hallstone	1984	–
–	dunkelrosa	Finlay	1994	–
süß	silberrosa	Nuccio's	1986	31
Honig	weiß	Finlay	1976	24
orientalisch	weiß	–	1898	–
Honig	weiß	–	1938	26
Honig	rosa	Finlay	1988	–
irzig/zitronig	rosarot	Lesnie	1993	–
–	zartrosa	Longley/Parks	1982	–
süß	rosarot	–	1951	31
–	zartros, dunkelrosa	Finlay	1988	–

*Duftintensität: d = schwach duftend; D= Duft deutlich wahrnehmbar; DD = Duft intensiv

SORTE	GRUPPE	DUFT INTEN
'Sweet Emily Kate'	C. lutchuensis-Hybride	D
'Tokai'	Sorte von C. japonica	d
'Toni Finlay's Fragrant'	C. lutchuensis-Hybride	D
'Virginia W. Cutter'	C. lutchuensis-Hybride	DD
'Winter's Star'	C. hiemalis-Hybride	D
'Yummi Fragrance'	Hybride mit komplexer Abstammung	D
C. cuspidata	Wildform	d
C. forrestii	Wildform	d
C. fraterna	Wildform	d
C. grijsii 'Zhenzhu Cha'	Wildform	D
C. kissi	Wildform	d
C. lutchuensis	Wildform	DD
C. miyagii	Wildform	d
C. sinensis	Wildform	d
C. transnokoensis	Wildform	D
C. tsaii var. synaptica	Wildform	d
C. tsaii var. tsaii	Wildform	d
C. yuhsienensis	Wildform	D
C. yunnanensis	Wildform	d

DUFT-ICHTUNG	FARBE	ZÜCHTER	ZÜCHT.-JAHR	SEITE
–	zartrosa	Garnett	1987	–
–	dunkelrosa	–	1975	–
–	rosa	Finlay	1994	–
Honig	rot	Cutter	1973	–
orientalisch	dunkelrosa	Ackerman	1988	26
–	leuchtend rot	Finlay	1995	–
süß	weiß	–	1912	37
–	weiß	–	1912	–
süß	weiß	–	1862	38
Anis	weiß	–	1990	39
Veilchen	weiß	–	1820	–
Honig	weiß	–	1909	38
–	weiß	–	1931	–
süß	weiß	–	1887	39
süß	weiß	–	1919	40
–	weiß	–	1981	–
–	weiß	–	1938	–
–	weiß	–	1965	–
–	weiß	–	1916	–

*Duftintensität: d = schwach duftend; D= Duft deutlich wahrnehmbar; DD = Duft intensiv

AUSGEWÄHLTE BEZUGSQUELLEN FÜR KAMELIEN

Spezielle Bezugsquellen für duftende Kamelien gibt es nicht. Bei folgenden Anbietern von Kamelien lohnt sich die Suche:

DEUTSCHLAND

Michael von Allesch
Kamelien-Kulturen
Kurfürstendeich 52
21037 Hamburg
http://kamelie.net/home.html

Peter Fischer
Kamelien-Kulturen
Höden 16
21789 Wingst
www.kamelie.de

Huben Baumschulen
Schriesheimer Fußweg 7
68526 Ladenburg
www.huben.de

Walter Klotz
Kamelien-Kulturen
Auf der Trift 13,
63329 Egelsbach
http://ww.klotz-kamelien.de

Rosenhof Schultheis
Bad Nauheimer Str. 3
61231 Bad Nauheim-Steinfurth
www.Rosenhof-Schultheis.de

AUSLAND

Baumschule Eisenhut
CH 6575 San Nazzaro/Tessin
SCHWEIZ
www.eisenhut.ch

Nuccio´s Nurseries
P.O. Box 6160
Altadena, CA 91001, USA
www.nucciosnurseries.com

**Rotherview Nursery
with Coghurst Camellias**
Ivyhouse Lane, Three Oaks,
Hastings TN35 4NP
ENGLAND
www.rotherview.com

WEITERFÜHRENDE LITERATUR

Spezielle Literatur zu duftenden Kamelien gibt es bisher nicht, auch nicht im englischsprachigen Ausland. Die nachstehenden Bücher/ Quellen helfen beim Aufspüren der aufgeführten Sorten, bei der Kultur von Kamelien überhaupt und beim Thema Duft im Garten.

INTERNATIONAL CAMELLIA REGISTER

Compiled by Thomas J. Savige, The International Camellia Society, Fine Arts Press, Sydney 1993 und 1997 (2 Bände von 1993 sowie ein Ergänzungsband von 1997)

WEB CAMELLIA REGISTER

Das offizielle Register der International Camellia Society ist jetzt auch online verfügbar (als PDF und als Suchmaschine): *http://camellia.unipv.it/camelliadb2*

FRAGRANT CAMELLIAS

William L. Ackerman, *http://www.camellias-acs.com/display.aspx?catid=3,23&pageid=708*

KAMELIEN

Helga & Klaus Urban, Ulmer, 3. Aufl. 2000

KAMELIEN IM GARTEN

Helga & Klaus Urban, Ulmer, 3. Aufl. 2008

EIN GARTEN DER DÜFTE

Helga Urban, BLV 1999

ZAUBERHAFTE KAMELIEN

Peter Fischer, BLV, 2007

SACH- UND NAMENREGISTER

Seitenzahlen in **Fettdruck** verweisen auf ein Porträt, **Abbildungen** sind durch einen * gekennzeichnet. Sorten, die nur in der Tabelle auf S. 41–49 erwähnt sind, sind mit einem hochgestellten ᵀ gekennzeichnet.

Weitere Bücher über Kamelien

Kamelien gedeihen auch bei uns problemlos, wenn sie am richtigen Platz stehen. Sie können an geschützten Stellen im Garten wachsen, und sie sind wunderschöne Kübelpflanzen, die von Jahr zu Jahr schöner werden und üppiger blühen, wenn sie richtig gehalten werden. Worauf es dabei ankommt und welche Arten und Sorten am schönsten und am besten geeignet sind, beschreiben die Autoren aus eigener langjähriger Erfahrung.

H. Urban, K. Urban. 3. Aufl. 2000. 112 S., 61 Farbf., 14 Zeichn., geb. ISBN 978-3-8001-3175-4.

- **die 66 besten Sorten und deren Pflege**
- **kompetente und leicht verständliche Antworten auf die häufigsten Fragen**

Dieses Buch wurde für diejenigen geschrieben, die es nun auch wagen wollen, Kamelien im Garten zu kultivieren. Es sind nur winterharte Sorten beschrieben. Allerdings spielen auch der Standort und die Pflege eine entscheidende Rolle.

H. Urban, K. Urban. 2009. 126 S., 3. Auflage, 76 Farbf., kart. ISBN 978-3-8001-5874-4.

www.ulmer.de **Ulmer**